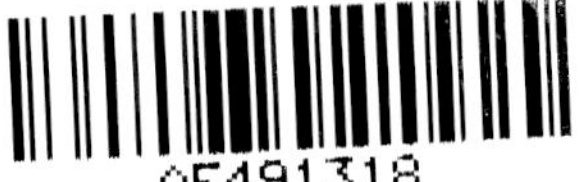

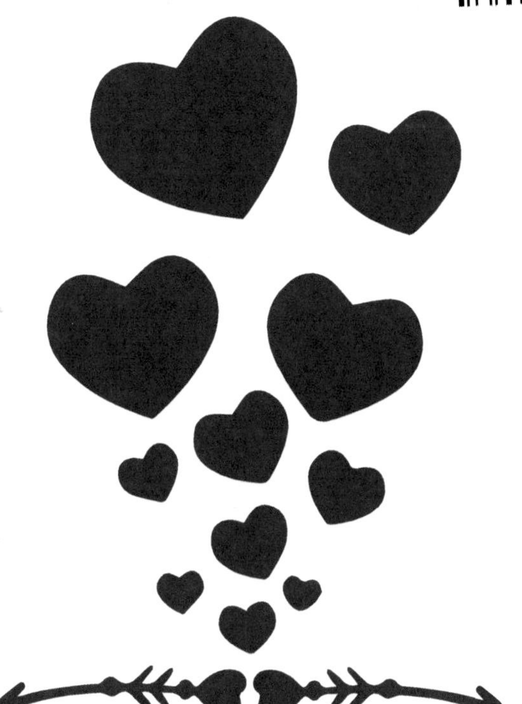

Ce Carnet
Appartient À :

....

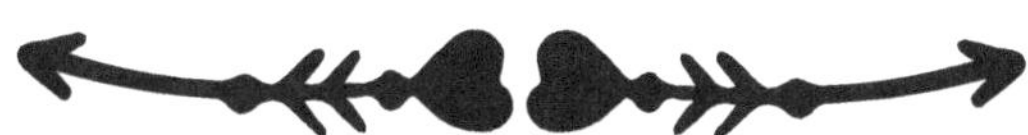

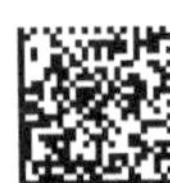

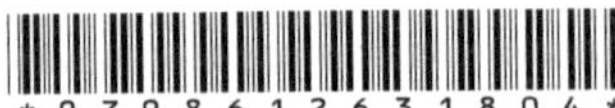